中华人民共和国数据安全法
网络数据安全管理条例
政务数据共享条例
互联网政务应用安全管理规定

大字本

中国法治出版社

图书在版编目（CIP）数据

中华人民共和国数据安全法　网络数据安全管理条例　政务数据共享条例　互联网政务应用安全管理规定：大字本 / 中国法治出版社编. -- 北京：中国法治出版社，2025. 8. -- ISBN 978-7-5216-5418-9

Ⅰ. D922. 1

中国国家版本馆 CIP 数据核字第 2025DF0362 号

中华人民共和国数据安全法　网络数据安全管理条例　政务数据共享条例　互联网政务应用安全管理规定：大字本
ZHONGHUA RENMIN GONGHEGUO SHUJU ANQUANFA　WANGLUO SHUJU ANQUAN GUANLI TIAOLI　ZHENGWU SHUJU GONGXIANG TIAOLI　HULIANWANG ZHENGWU YINGYONG ANQUAN GUANLI GUIDING：DAZIBEN

经销/新华书店
印刷/保定市中画美凯印刷有限公司
开本/880 毫米×1230 毫米　32 开　　　　　印张/2.75　字数/30 千
版次/2025 年 8 月第 1 版　　　　　　　　　2025 年 8 月第 1 次印刷

中国法治出版社出版

书号 ISBN 978-7-5216-5418-9　　　　　　　定价：10.00 元

北京市西城区西便门西里甲 16 号西便门办公区
邮政编码：100053　　　　　　　　　　　　传真：010-63141600
网址：http：//www.zgfzs.com　　　　　　编辑部电话：010-63141799
市场营销部电话：010-63141612　　　　　　印务部电话：010-63141606

（如有印装质量问题，请与本社印务部联系。）

目　　录

中华人民共和国数据安全法 …………………（1）
网络数据安全管理条例…………………………（19）
政务数据共享条例………………………………（49）
互联网政务应用安全管理规定…………………（70）

中华人民共和国数据安全法

（2021年6月10日第十三届全国人民代表大会常务委员会第二十九次会议通过 2021年6月10日中华人民共和国主席令第84号公布 自2021年9月1日起施行）

目　录

第一章　总　　则

第二章　数据安全与发展

第三章　数据安全制度

第四章　数据安全保护义务

第五章　政务数据安全与开放

第六章　法律责任

第七章　附　　则

第一章 总　　则

第一条　为了规范数据处理活动，保障数据安全，促进数据开发利用，保护个人、组织的合法权益，维护国家主权、安全和发展利益，制定本法。

第二条　在中华人民共和国境内开展数据处理活动及其安全监管，适用本法。

在中华人民共和国境外开展数据处理活动，损害中华人民共和国国家安全、公共利益或者公民、组织合法权益的，依法追究法律责任。

第三条　本法所称数据，是指任何以电子或者其他方式对信息的记录。

数据处理，包括数据的收集、存储、使用、加工、传输、提供、公开等。

数据安全，是指通过采取必要措施，确保数据处于有效保护和合法利用的状态，以及具备保障持续安全状态的能力。

第四条 维护数据安全，应当坚持总体国家安全观，建立健全数据安全治理体系，提高数据安全保障能力。

第五条 中央国家安全领导机构负责国家数据安全工作的决策和议事协调，研究制定、指导实施国家数据安全战略和有关重大方针政策，统筹协调国家数据安全的重大事项和重要工作，建立国家数据安全工作协调机制。

第六条 各地区、各部门对本地区、本部门工作中收集和产生的数据及数据安全负责。

工业、电信、交通、金融、自然资源、卫生健康、教育、科技等主管部门承担本行业、本领域数据安全监管职责。

公安机关、国家安全机关等依照本法和有关法律、行政法规的规定，在各自职责范围内承担数据安全监管职责。

国家网信部门依照本法和有关法律、行政法规的规定，负责统筹协调网络数据安全和相关监管工作。

第七条 国家保护个人、组织与数据有关的权益，鼓励数据依法合理有效利用，保障数据依法有序自由流动，促进以数据为关键要素的数字经济发展。

第八条 开展数据处理活动，应当遵守法律、法规，尊重社会公德和伦理，遵守商业道德和职业道德，诚实守信，履行数据安全保护义务，承担社会责任，不得危害国家安全、公共利益，不得损害个人、组织的合法权益。

第九条 国家支持开展数据安全知识宣传普及，提高全社会的数据安全保护意识和水平，推动有关部门、行业组织、科研机构、企业、个人等共同参与数据安全保护工作，形成全社会共同维护数据安全和促进发展的良好环境。

第十条 相关行业组织按照章程，依法制定数据安全行为规范和团体标准，加强行业自律，指导会员加强数据安全保护，提高数据安全保护水平，促进行业健康发展。

第十一条　国家积极开展数据安全治理、数据开发利用等领域的国际交流与合作，参与数据安全相关国际规则和标准的制定，促进数据跨境安全、自由流动。

第十二条　任何个人、组织都有权对违反本法规定的行为向有关主管部门投诉、举报。收到投诉、举报的部门应当及时依法处理。

有关主管部门应当对投诉、举报人的相关信息予以保密，保护投诉、举报人的合法权益。

第二章　数据安全与发展

第十三条　国家统筹发展和安全，坚持以数据开发利用和产业发展促进数据安全，以数据安全保障数据开发利用和产业发展。

第十四条　国家实施大数据战略，推进数据基础设施建设，鼓励和支持数据在各行业、各领域的创新应用。

省级以上人民政府应当将数字经济发展纳入本级国民经济和社会发展规划,并根据需要制定数字经济发展规划。

第十五条 国家支持开发利用数据提升公共服务的智能化水平。提供智能化公共服务,应当充分考虑老年人、残疾人的需求,避免对老年人、残疾人的日常生活造成障碍。

第十六条 国家支持数据开发利用和数据安全技术研究,鼓励数据开发利用和数据安全等领域的技术推广和商业创新,培育、发展数据开发利用和数据安全产品、产业体系。

第十七条 国家推进数据开发利用技术和数据安全标准体系建设。国务院标准化行政主管部门和国务院有关部门根据各自的职责,组织制定并适时修订有关数据开发利用技术、产品和数据安全相关标准。国家支持企业、社会团体和教育、科研机构等参与标准制定。

第十八条 国家促进数据安全检测评估、认证等服务的发展，支持数据安全检测评估、认证等专业机构依法开展服务活动。

国家支持有关部门、行业组织、企业、教育和科研机构、有关专业机构等在数据安全风险评估、防范、处置等方面开展协作。

第十九条　国家建立健全数据交易管理制度，规范数据交易行为，培育数据交易市场。

第二十条　国家支持教育、科研机构和企业等开展数据开发利用技术和数据安全相关教育和培训，采取多种方式培养数据开发利用技术和数据安全专业人才，促进人才交流。

第三章　数据安全制度

第二十一条　国家建立数据分类分级保护制度，根据数据在经济社会发展中的重要程度，以及一旦遭到篡改、破坏、泄露或者非法获取、非法利用，对国家安全、公共利益或者个人、组织合法权益造成的危害程度,对数据实行分类分级保护。国家数据安全工作协调机制统筹协调有关部门制定重要数据目录,加强对重要数据的保护。

关系国家安全、国民经济命脉、重要民生、重大公共利益等数据属于国家核心数据,实行更加严格的管理制度。

各地区、各部门应当按照数据分类分级保护制度,确定本地区、本部门以及相关行业、领域的重要数据具体目录,对列入目录的数据进行重点保护。

第二十二条 国家建立集中统一、高效权威的数据安全风险评估、报告、信息共享、监测预警机制。国家数据安全工作协调机制统筹协调有关部门加强数据安全风险信息的获取、分析、研判、预警工作。

第二十三条 国家建立数据安全应急处置机制。发生数据安全事件,有关主管部门应当依法启动应急预案,采取相应的应急处置措施,防止危害扩大,消除安全隐患,并及时向社会发布与公众有关的警示信息。

第二十四条　国家建立数据安全审查制度，对影响或者可能影响国家安全的数据处理活动进行国家安全审查。

依法作出的安全审查决定为最终决定。

第二十五条　国家对与维护国家安全和利益、履行国际义务相关的属于管制物项的数据依法实施出口管制。

第二十六条　任何国家或者地区在与数据和数据开发利用技术等有关的投资、贸易等方面对中华人民共和国采取歧视性的禁止、限制或者其他类似措施的，中华人民共和国可以根据实际情况对该国家或者地区对等采取措施。

第四章　数据安全保护义务

第二十七条　开展数据处理活动应当依照法律、法规的规定，建立健全全流程数据安全管理制度，组织开展数据安全教育培训，采取相应的技术措施和其他必要措施，保障数据安全。利用互联网等信息网络开展数据处理活动，应当在网络安全等级保护制度的基础上，履行上述数据安全保护义务。

重要数据的处理者应当明确数据安全负责人和管理机构，落实数据安全保护责任。

第二十八条 开展数据处理活动以及研究开发数据新技术，应当有利于促进经济社会发展，增进人民福祉，符合社会公德和伦理。

第二十九条 开展数据处理活动应当加强风险监测，发现数据安全缺陷、漏洞等风险时，应当立即采取补救措施；发生数据安全事件时，应当立即采取处置措施，按照规定及时告知用户并向有关主管部门报告。

第三十条 重要数据的处理者应当按照规定对其数据处理活动定期开展风险评估，并向有关主管部门报送风险评估报告。

风险评估报告应当包括处理的重要数据的种类、

数量，开展数据处理活动的情况，面临的数据安全风险及其应对措施等。

第三十一条　关键信息基础设施的运营者在中华人民共和国境内运营中收集和产生的重要数据的出境安全管理，适用《中华人民共和国网络安全法》的规定；其他数据处理者在中华人民共和国境内运营中收集和产生的重要数据的出境安全管理办法，由国家网信部门会同国务院有关部门制定。

第三十二条　任何组织、个人收集数据，应当采取合法、正当的方式，不得窃取或者以其他非法方式获取数据。

法律、行政法规对收集、使用数据的目的、范围有规定的，应当在法律、行政法规规定的目的和范围内收集、使用数据。

第三十三条　从事数据交易中介服务的机构提供服务，应当要求数据提供方说明数据来源，审核交易双方的身份，并留存审核、交易记录。

第三十四条　法律、行政法规规定提供数据处理相关服务应当取得行政许可的，服务提供者应当依法取得许可。

第三十五条　公安机关、国家安全机关因依法维护国家安全或者侦查犯罪的需要调取数据，应当按照国家有关规定，经过严格的批准手续，依法进行，有关组织、个人应当予以配合。

第三十六条　中华人民共和国主管机关根据有关法律和中华人民共和国缔结或者参加的国际条约、协定，或者按照平等互惠原则，处理外国司法或者执法机构关于提供数据的请求。非经中华人民共和国主管机关批准，境内的组织、个人不得向外国司法或者执法机构提供存储于中华人民共和国境内的数据。

第五章　政务数据安全与开放

第三十七条　国家大力推进电子政务建设，提高政务数据的科学性、准确性、时效性，提升运用数据服务经济社会发展的能力。

第三十八条　国家机关为履行法定职责的需要收集、使用数据，应当在其履行法定职责的范围内依照法律、行政法规规定的条件和程序进行；对在履行职责中知悉的个人隐私、个人信息、商业秘密、保密商务信息等数据应当依法予以保密，不得泄露或者非法向他人提供。

第三十九条　国家机关应当依照法律、行政法规的规定，建立健全数据安全管理制度，落实数据安全保护责任，保障政务数据安全。

第四十条　国家机关委托他人建设、维护电子政务系统，存储、加工政务数据，应当经过严格的批准程序，并应当监督受托方履行相应的数据安全保护义务。受托方应当依照法律、法规的规定和合同约定履行数据安全保护义务，不得擅自留存、使用、泄露或者向他人提供政务数据。

第四十一条　国家机关应当遵循公正、公平、便民的原则，按照规定及时、准确地公开政务数据。

依法不予公开的除外。

第四十二条 国家制定政务数据开放目录，构建统一规范、互联互通、安全可控的政务数据开放平台，推动政务数据开放利用。

第四十三条 法律、法规授权的具有管理公共事务职能的组织为履行法定职责开展数据处理活动，适用本章规定。

第六章 法律责任

第四十四条 有关主管部门在履行数据安全监管职责中，发现数据处理活动存在较大安全风险的，可以按照规定的权限和程序对有关组织、个人进行约谈，并要求有关组织、个人采取措施进行整改，消除隐患。

第四十五条 开展数据处理活动的组织、个人不履行本法第二十七条、第二十九条、第三十条规定的数据安全保护义务的，由有关主管部门责令改正，给予警告，可以并处五万元以上五十万元以下罚款，对直接负责的主管人员和其他直接责任人员可以处一万元以上十万元以下罚款；拒不改正或者造成大量数据泄露等严重后果的，处五十万元以上二百万元以下罚款，并可以责令暂停相关业务、停业整顿、吊销相关业务许可证或者吊销营业执照，对直接负责的主管人员和其他直接责任人员处五万元以上二十万元以下罚款。

违反国家核心数据管理制度，危害国家主权、安全和发展利益的，由有关主管部门处二百万元以上一千万元以下罚款，并根据情况责令暂停相关业务、停业整顿、吊销相关业务许可证或者吊销营业执照；构成犯罪的，依法追究刑事责任。

第四十六条 违反本法第三十一条规定，向境外提供重要数据的，由有关主管部门责令改正，给予警告，可以并处十万元以上一百万元以下罚款，对直接负责的主管人员和其他直接责任人员可以处一万元以上十万元以下罚款；情节严重的，处一百万元以上一千万元以下罚款,并可以责令暂停相关业务、停业整顿、吊销相关业务许可证或者吊销营业执照,对直接负责的主管人员和其他直接责任人员处十万元以上一百万元以下罚款。

第四十七条 从事数据交易中介服务的机构未履行本法第三十三条规定的义务的,由有关主管部门责令改正,没收违法所得,处违法所得一倍以上十倍以下罚款,没有违法所得或者违法所得不足十万元的,处十万元以上一百万元以下罚款,并可以责令暂停相关业务、停业整顿、吊销相关业务许可证或者吊销营业执照;对直接负责的主管人员和其他直接责任人员处一万元以上十万元以下罚款。

第四十八条 违反本法第三十五条规定,拒不配合数据调取的,由有关主管部门责令改正,给予警告,并处五万元以上五十万元以下罚款,对直接负责的主管人员和其他直接责任人员处一万元以上十万元以下罚款。

违反本法第三十六条规定,未经主管机关批准向外国司法或者执法机构提供数据的,由有关主管部门给予警告,可以并处十万元以上一百万元以下罚款,对直接负责的主管人员和其他直接责任人员可以处一万元以上十万元以下罚款;造成严重后果的,处一百万元以上五百万元以下罚款,并可以责令暂停相关业务、停业整顿、吊销相关业务许可证或者吊销营业执照,对直接负责的主管人员和其他直接责任人员处五万元以上五十万元以下罚款。

第四十九条 国家机关不履行本法规定的数据安全保护义务的,对直接负责的主管人员和其他直接责任人员依法给予处分。

第五十条 履行数据安全监管职责的国家工作人员玩忽职守、滥用职权、徇私舞弊的,依法给予处分。

第五十一条 窃取或者以其他非法方式获取数据,开展数据处理活动排除、限制竞争,或者损害个人、组织合法权益的,依照有关法律、行政法规的规定处罚。

第五十二条　违反本法规定，给他人造成损害的，依法承担民事责任。

违反本法规定，构成违反治安管理行为的，依法给予治安管理处罚；构成犯罪的，依法追究刑事责任。

第七章　附　　则

第五十三条　开展涉及国家秘密的数据处理活动，适用《中华人民共和国保守国家秘密法》等法律、行政法规的规定。

在统计、档案工作中开展数据处理活动，开展涉及个人信息的数据处理活动，还应当遵守有关法律、行政法规的规定。

第五十四条　军事数据安全保护的办法，由中央军事委员会依据本法另行制定。

第五十五条　本法自2021年9月1日起施行。

网络数据安全管理条例

(2024年8月30日国务院第40次常务会议通过 2024年9月24日中华人民共和国国务院令第790号公布 自2025年1月1日起施行)

第一章 总 则

第一条 为了规范网络数据处理活动,保障网络数据安全,促进网络数据依法合理有效利用,保护个人、组织的合法权益,维护国家安全和公共利益,根据《中华人民共和国网络安全法》、《中华人民共和国数据安全法》、《中华人民共和国个人信息保护法》等法律,制定本条例。

第二条 在中华人民共和国境内开展网络数据

处理活动及其安全监督管理，适用本条例。

在中华人民共和国境外处理中华人民共和国境内自然人个人信息的活动，符合《中华人民共和国个人信息保护法》第三条第二款规定情形的，也适用本条例。

在中华人民共和国境外开展网络数据处理活动，损害中华人民共和国国家安全、公共利益或者公民、组织合法权益的，依法追究法律责任。

第三条 网络数据安全管理工作坚持中国共产党的领导，贯彻总体国家安全观，统筹促进网络数据开发利用与保障网络数据安全。

第四条 国家鼓励网络数据在各行业、各领域的创新应用，加强网络数据安全防护能力建设，支持网络数据相关技术、产品、服务创新，开展网络数据安全宣传教育和人才培养，促进网络数据开发利用和产业发展。

第五条 国家根据网络数据在经济社会发展中的重要程度，以及一旦遭到篡改、破坏、泄露或者非法获取、非法利用，对国家安全、公共利益或者个人、组织合法权益造成的危害程度，对网络数据实行分类分级保护。

第六条 国家积极参与网络数据安全相关国际规则和标准的制定，促进国际交流与合作。

第七条 国家支持相关行业组织按照章程，制定网络数据安全行为规范，加强行业自律，指导会员加强网络数据安全保护，提高网络数据安全保护水平，促进行业健康发展。

第二章 一 般 规 定

第八条 任何个人、组织不得利用网络数据从事非法活动，不得从事窃取或者以其他非法方式获取网络数据、非法出售或者非法向他人提供网络数据等非法网络数据处理活动。

任何个人、组织不得提供专门用于从事前款非法活动的程序、工具；明知他人从事前款非法活动的，不得为其提供互联网接入、服务器托管、网络存储、通讯传输等技术支持，或者提供广告推广、支付结算等帮助。

第九条 网络数据处理者应当依照法律、行政法规的规定和国家标准的强制性要求，在网络安全等级保护的基础上，加强网络数据安全防护，建立健全网络数据安全管理制度，采取加密、备份、访问控制、安全认证等技术措施和其他必要措施，保护网络数据免遭篡改、破坏、泄露或者非法获取、非法利用，处置网络数据安全事件，防范针对和利用网络数据实施的违法犯罪活动，并对所处理网络数据的安全承担主体责任。

第十条 网络数据处理者提供的网络产品、服务应当符合相关国家标准的强制性要求；发现网络产品、服务存在安全缺陷、漏洞等风险时，应当立即采取补救措施，按照规定及时告知用户并向有关主管部门报告；涉及危害国家安全、公共利益的，网络数据处理者还应当在24小时内向有关主管部门报告。

第十一条　网络数据处理者应当建立健全网络数据安全事件应急预案，发生网络数据安全事件时，应当立即启动预案，采取措施防止危害扩大，消除安全隐患，并按照规定向有关主管部门报告。

网络数据安全事件对个人、组织合法权益造成危害的，网络数据处理者应当及时将安全事件和风险情况、危害后果、已经采取的补救措施等，以电话、短信、即时通信工具、电子邮件或者公告等方式通知利害关系人；法律、行政法规规定可以不通知的，从其规定。网络数据处理者在处置网络数据安全事件过程中发现涉嫌违法犯罪线索的，应当按照规定向公安机关、国家安全机关报案，并配合开展侦查、调查和处置工作。

第十二条　网络数据处理者向其他网络数据处理者提供、委托处理个人信息和重要数据的，应当通过合同等与网络数据接收方约定处理目的、方式、范围以及安全保护义务等，并对网络数据接收方履行义务的情况进行监督。向其他网络数据处理者提供、委托处理个人信息和重要数据的处理情况记录，应当至少保存3年。

网络数据接收方应当履行网络数据安全保护义务，并按照约定的目的、方式、范围等处理个人信息和重要数据。

两个以上的网络数据处理者共同决定个人信息和重要数据的处理目的和处理方式的，应当约定各自的权利和义务。

第十三条　网络数据处理者开展网络数据处理活动，影响或者可能影响国家安全的，应当按照国家有关规定进行国家安全审查。

第十四条　网络数据处理者因合并、分立、解散、破产等原因需要转移网络数据的，网络数据接收方应当继续履行网络数据安全保护义务。

第十五条　国家机关委托他人建设、运行、维护电子政务系统，存储、加工政务数据，应当按照国家有关规定经过严格的批准程序，明确受托方的网络数据处理权限、保护责任等，监督受托方履行网络数据安全保护义务。

第十六条　网络数据处理者为国家机关、关键信息基础设施运营者提供服务，或者参与其他公共基础设施、公共服务系统建设、运行、维护的，应当依照法律、法规的规定和合同约定履行网络数据安全保护义务，提供安全、稳定、持续的服务。

前款规定的网络数据处理者未经委托方同意，不得访问、获取、留存、使用、泄露或者向他人提供网络数据，不得对网络数据进行关联分析。

第十七条　为国家机关提供服务的信息系统应当参照电子政务系统的管理要求加强网络数据安全管理，保障网络数据安全。

第十八条　网络数据处理者使用自动化工具访问、收集网络数据，应当评估对网络服务带来的影响，不得非法侵入他人网络，不得干扰网络服务正常运行。

第十九条　提供生成式人工智能服务的网络数据处理者应当加强对训练数据和训练数据处理活动

的安全管理，采取有效措施防范和处置网络数据安全风险。

第二十条　面向社会提供产品、服务的网络数据处理者应当接受社会监督，建立便捷的网络数据安全投诉、举报渠道，公布投诉、举报方式等信息，及时受理并处理网络数据安全投诉、举报。

第三章　个人信息保护

第二十一条　网络数据处理者在处理个人信息前，通过制定个人信息处理规则的方式依法向个人告知的，个人信息处理规则应当集中公开展示、易于访问并置于醒目位置，内容明确具体、清晰易懂，包括但不限于下列内容：

（一）网络数据处理者的名称或者姓名和联系方式；

（二）处理个人信息的目的、方式、种类，处理敏感个人信息的必要性以及对个人权益的影响；

（三）个人信息保存期限和到期后的处理方式，保存期限难以确定的，应当明确保存期限的确定方法；

（四）个人查阅、复制、转移、更正、补充、删除、限制处理个人信息以及注销账号、撤回同意的方法和途径等。

网络数据处理者按照前款规定向个人告知收集和向其他网络数据处理者提供个人信息的目的、方式、种类以及网络数据接收方信息的，应当以清单等形式予以列明。网络数据处理者处理不满十四周岁未成年人个人信息的，还应当制定专门的个人信息处理规则。

第二十二条　网络数据处理者基于个人同意处理个人信息的，应当遵守下列规定：

（一）收集个人信息为提供产品或者服务所必需，不得超范围收集个人信息，不得通过误导、欺诈、胁迫等方式取得个人同意；

（二）处理生物识别、宗教信仰、特定身份、医疗健康、金融账户、行踪轨迹等敏感个人信息的，

应当取得个人的单独同意;

（三）处理不满十四周岁未成年人个人信息的，应当取得未成年人的父母或者其他监护人的同意;

（四）不得超出个人同意的个人信息处理目的、方式、种类、保存期限处理个人信息;

（五）不得在个人明确表示不同意处理其个人信息后，频繁征求同意;

（六）个人信息的处理目的、方式、种类发生变更的，应当重新取得个人同意。

法律、行政法规规定处理敏感个人信息应当取得书面同意的，从其规定。

第二十三条　个人请求查阅、复制、更正、补充、删除、限制处理其个人信息，或者个人注销账号、撤回同意的，网络数据处理者应当及时受理，并提供便捷的支持个人行使权利的方法和途径，不得设置不合理条件限制个人的合理请求。

第二十四条　因使用自动化采集技术等无法避免采集到非必要个人信息或者未依法取得个人同意

的个人信息，以及个人注销账号的，网络数据处理者应当删除个人信息或者进行匿名化处理。法律、行政法规规定的保存期限未届满，或者删除、匿名化处理个人信息从技术上难以实现的，网络数据处理者应当停止除存储和采取必要的安全保护措施之外的处理。

第二十五条　对符合下列条件的个人信息转移请求，网络数据处理者应当为个人指定的其他网络数据处理者访问、获取有关个人信息提供途径：

（一）能够验证请求人的真实身份；

（二）请求转移的是本人同意提供的或者基于合同收集的个人信息；

（三）转移个人信息具备技术可行性；

（四）转移个人信息不损害他人合法权益。

请求转移个人信息次数等明显超出合理范围的，网络数据处理者可以根据转移个人信息的成本收取必要费用。

第二十六条　中华人民共和国境外网络数据处

理者处理境内自然人个人信息，依照《中华人民共和国个人信息保护法》第五十三条规定在境内设立专门机构或者指定代表的，应当将有关机构的名称或者代表的姓名、联系方式等报送所在地设区的市级网信部门；网信部门应当及时通报同级有关主管部门。

第二十七条　网络数据处理者应当定期自行或者委托专业机构对其处理个人信息遵守法律、行政法规的情况进行合规审计。

第二十八条　网络数据处理者处理1000万人以上个人信息的，还应当遵守本条例第三十条、第三十二条对处理重要数据的网络数据处理者（以下简称重要数据的处理者）作出的规定。

第四章　重要数据安全

第二十九条　国家数据安全工作协调机制统筹协调有关部门制定重要数据目录，加强对重要数据的保护。各地区、各部门应当按照数据分类分级保护制度，确定本地区、本部门以及相关行业、领域的重要数据具体目录，对列入目录的网络数据进行重点保护。

网络数据处理者应当按照国家有关规定识别、申报重要数据。对确认为重要数据的，相关地区、部门应当及时向网络数据处理者告知或者公开发布。网络数据处理者应当履行网络数据安全保护责任。

国家鼓励网络数据处理者使用数据标签标识等技术和产品，提高重要数据安全管理水平。

第三十条 重要数据的处理者应当明确网络数据安全负责人和网络数据安全管理机构。网络数据安全管理机构应当履行下列网络数据安全保护责任：

（一）制定实施网络数据安全管理制度、操作规程和网络数据安全事件应急预案；

（二）定期组织开展网络数据安全风险监测、风险评估、应急演练、宣传教育培训等活动，及时处置网络数据安全风险和事件；

（三）受理并处理网络数据安全投诉、举报。

网络数据安全负责人应当具备网络数据安全专

业知识和相关管理工作经历，由网络数据处理者管理层成员担任，有权直接向有关主管部门报告网络数据安全情况。

掌握有关主管部门规定的特定种类、规模的重要数据的网络数据处理者，应当对网络数据安全负责人和关键岗位的人员进行安全背景审查，加强相关人员培训。审查时，可以申请公安机关、国家安全机关协助。

第三十一条 重要数据的处理者提供、委托处理、共同处理重要数据前，应当进行风险评估，但是属于履行法定职责或者法定义务的除外。

风险评估应当重点评估下列内容：

（一）提供、委托处理、共同处理网络数据，以及网络数据接收方处理网络数据的目的、方式、范围等是否合法、正当、必要；

（二）提供、委托处理、共同处理的网络数据遭到篡改、破坏、泄露或者非法获取、非法利用的风险，以及对国家安全、公共利益或者个人、组织合法权益带来的风险；

（三）网络数据接收方的诚信、守法等情况；

（四）与网络数据接收方订立或者拟订立的相关合同中关于网络数据安全的要求能否有效约束网络数据接收方履行网络数据安全保护义务；

（五）采取或者拟采取的技术和管理措施等能否有效防范网络数据遭到篡改、破坏、泄露或者非法获取、非法利用等风险；

（六）有关主管部门规定的其他评估内容。

第三十二条 重要数据的处理者因合并、分立、解散、破产等可能影响重要数据安全的，应当采取措施保障网络数据安全，并向省级以上有关主管部门报告重要数据处置方案、接收方的名称或者姓名和联系方式等；主管部门不明确的，应当向省级以上数据安全工作协调机制报告。

第三十三条 重要数据的处理者应当每年度对其网络数据处理活动开展风险评估，并向省级以上有关主管部门报送风险评估报告，有关主管部门应当及时通报同级网信部门、公安机关。

风险评估报告应当包括下列内容：

（一）网络数据处理者基本信息、网络数据安全管理机构信息、网络数据安全负责人姓名和联系方式等；

（二）处理重要数据的目的、种类、数量、方式、范围、存储期限、存储地点等，开展网络数据处理活动的情况，不包括网络数据内容本身；

（三）网络数据安全管理制度及实施情况，加密、备份、标签标识、访问控制、安全认证等技术措施和其他必要措施及其有效性；

（四）发现的网络数据安全风险，发生的网络数据安全事件及处置情况；

（五）提供、委托处理、共同处理重要数据的风险评估情况；

（六）网络数据出境情况；

（七）有关主管部门规定的其他报告内容。

处理重要数据的大型网络平台服务提供者报送

的风险评估报告，除包括前款规定的内容外，还应当充分说明关键业务和供应链网络数据安全等情况。

重要数据的处理者存在可能危害国家安全的重要数据处理活动的，省级以上有关主管部门应当责令其采取整改或者停止处理重要数据等措施。重要数据的处理者应当按照有关要求立即采取措施。

第五章 网络数据跨境安全管理

第三十四条 国家网信部门统筹协调有关部门建立国家数据出境安全管理专项工作机制，研究制定国家网络数据出境安全管理相关政策，协调处理网络数据出境安全重大事项。

第三十五条 符合下列条件之一的，网络数据处理者可以向境外提供个人信息：

（一）通过国家网信部门组织的数据出境安全评估；

（二）按照国家网信部门的规定经专业机构进行

个人信息保护认证；

（三）符合国家网信部门制定的关于个人信息出境标准合同的规定；

（四）为订立、履行个人作为一方当事人的合同，确需向境外提供个人信息；

（五）按照依法制定的劳动规章制度和依法签订的集体合同实施跨境人力资源管理，确需向境外提供员工个人信息；

（六）为履行法定职责或者法定义务，确需向境外提供个人信息；

（七）紧急情况下为保护自然人的生命健康和财产安全，确需向境外提供个人信息；

（八）法律、行政法规或者国家网信部门规定的其他条件。

第三十六条 中华人民共和国缔结或者参加的国际条约、协定对向中华人民共和国境外提供个人信息的条件等有规定的，可以按照其规定执行。

第三十七条 网络数据处理者在中华人民共和

国境内运营中收集和产生的重要数据确需向境外提供的，应当通过国家网信部门组织的数据出境安全评估。网络数据处理者按照国家有关规定识别、申报重要数据，但未被相关地区、部门告知或者公开发布为重要数据的，不需要将其作为重要数据申报数据出境安全评估。

第三十八条　通过数据出境安全评估后，网络数据处理者向境外提供个人信息和重要数据的，不得超出评估时明确的数据出境目的、方式、范围和种类、规模等。

第三十九条　国家采取措施，防范、处置网络数据跨境安全风险和威胁。任何个人、组织不得提供专门用于破坏、避开技术措施的程序、工具等；明知他人从事破坏、避开技术措施等活动的，不得为其提供技术支持或者帮助。

第六章　网络平台服务提供者义务

第四十条　网络平台服务提供者应当通过平台

规则或者合同等明确接入其平台的第三方产品和服务提供者的网络数据安全保护义务，督促第三方产品和服务提供者加强网络数据安全管理。

预装应用程序的智能终端等设备生产者，适用前款规定。

第三方产品和服务提供者违反法律、行政法规的规定或者平台规则、合同约定开展网络数据处理活动，对用户造成损害的，网络平台服务提供者、第三方产品和服务提供者、预装应用程序的智能终端等设备生产者应当依法承担相应责任。

国家鼓励保险公司开发网络数据损害赔偿责任险种，鼓励网络平台服务提供者、预装应用程序的智能终端等设备生产者投保。

第四十一条 提供应用程序分发服务的网络平台服务提供者，应当建立应用程序核验规则并开展网络数据安全相关核验。发现待分发或者已分发的应用程序不符合法律、行政法规的规定或者国家标准的强制性要求的，应当采取警示、不予分发、暂停分发或者终止分发等措施。

第四十二条　网络平台服务提供者通过自动化决策方式向个人进行信息推送的,应当设置易于理解、便于访问和操作的个性化推荐关闭选项,为用户提供拒绝接收推送信息、删除针对其个人特征的用户标签等功能。

第四十三条　国家推进网络身份认证公共服务建设,按照政府引导、用户自愿原则进行推广应用。

鼓励网络平台服务提供者支持用户使用国家网络身份认证公共服务登记、核验真实身份信息。

第四十四条　大型网络平台服务提供者应当每年度发布个人信息保护社会责任报告,报告内容包括但不限于个人信息保护措施和成效、个人行使权利的申请受理情况、主要由外部成员组成的个人信息保护监督机构履行职责情况等。

第四十五条　大型网络平台服务提供者跨境提供网络数据,应当遵守国家数据跨境安全管理要求,健全相关技术和管理措施,防范网络数据跨境安全风险。

第四十六条 大型网络平台服务提供者不得利用网络数据、算法以及平台规则等从事下列活动：

（一）通过误导、欺诈、胁迫等方式处理用户在平台上产生的网络数据；

（二）无正当理由限制用户访问、使用其在平台上产生的网络数据；

（三）对用户实施不合理的差别待遇，损害用户合法权益；

（四）法律、行政法规禁止的其他活动。

第七章 监督管理

第四十七条 国家网信部门负责统筹协调网络数据安全和相关监督管理工作。

公安机关、国家安全机关依照有关法律、行政法规和本条例的规定，在各自职责范围内承担网络数据安全监督管理职责，依法防范和打击危害网络数据安全的违法犯罪活动。

国家数据管理部门在具体承担数据管理工作中履行相应的网络数据安全职责。

各地区、各部门对本地区、本部门工作中收集和产生的网络数据及网络数据安全负责。

第四十八条 各有关主管部门承担本行业、本领域网络数据安全监督管理职责,应当明确本行业、本领域网络数据安全保护工作机构,统筹制定并组织实施本行业、本领域网络数据安全事件应急预案,定期组织开展本行业、本领域网络数据安全风险评估,对网络数据处理者履行网络数据安全保护义务情况进行监督检查,指导督促网络数据处理者及时对存在的风险隐患进行整改。

第四十九条 国家网信部门统筹协调有关主管部门及时汇总、研判、共享、发布网络数据安全风险相关信息,加强网络数据安全信息共享、网络数据安全风险和威胁监测预警以及网络数据安全事件应急处置工作。

第五十条 有关主管部门可以采取下列措施对

网络数据安全进行监督检查：

（一）要求网络数据处理者及其相关人员就监督检查事项作出说明；

（二）查阅、复制与网络数据安全有关的文件、记录；

（三）检查网络数据安全措施运行情况；

（四）检查与网络数据处理活动有关的设备、物品；

（五）法律、行政法规规定的其他必要措施。

网络数据处理者应当对有关主管部门依法开展的网络数据安全监督检查予以配合。

第五十一条　有关主管部门开展网络数据安全监督检查，应当客观公正，不得向被检查单位收取费用。

有关主管部门在网络数据安全监督检查中不得访问、收集与网络数据安全无关的业务信息，获取的信息只能用于维护网络数据安全的需要，不得用于其他用途。

有关主管部门发现网络数据处理者的网络数据处理活动存在较大安全风险的,可以按照规定的权限和程序要求网络数据处理者暂停相关服务、修改平台规则、完善技术措施等,消除网络数据安全隐患。

第五十二条 有关主管部门在开展网络数据安全监督检查时,应当加强协同配合、信息沟通,合理确定检查频次和检查方式,避免不必要的检查和交叉重复检查。

个人信息保护合规审计、重要数据风险评估、重要数据出境安全评估等应当加强衔接,避免重复评估、审计。重要数据风险评估和网络安全等级测评的内容重合的,相关结果可以互相采信。

第五十三条 有关主管部门及其工作人员对在履行职责中知悉的个人隐私、个人信息、商业秘密、保密商务信息等网络数据应当依法予以保密,不得泄露或者非法向他人提供。

第五十四条 境外的组织、个人从事危害中华人民共和国国家安全、公共利益，或者侵害中华人民共和国公民的个人信息权益的网络数据处理活动的，国家网信部门会同有关主管部门可以依法采取相应的必要措施。

第八章　法律责任

第五十五条　违反本条例第十二条、第十六条至第二十条、第二十二条、第四十条第一款和第二款、第四十一条、第四十二条规定的，由网信、电信、公安等主管部门依据各自职责责令改正，给予警告，没收违法所得；拒不改正或者情节严重的，处100万元以下罚款，并可以责令暂停相关业务、停业整顿、吊销相关业务许可证或者吊销营业执照，对直接负责的主管人员和其他直接责任人员可以处1万元以上10万元以下罚款。

第五十六条　违反本条例第十三条规定的，由网信、电信、公安、国家安全等主管部门依据各自职责责令改正，给予警告，可以并处10万元以上100万元以下罚款，对直接负责的主管人员和其他直接责任人员可以处1万元以上10万元以下罚款；拒不改正或者情节严重的，处100万元以上1000万元以下罚款，并可以责令暂停相关业务、停业整顿、吊销相关业务许可证或者吊销营业执照，对直接负责的主管人员和其他直接责任人员处10万元以上100万元以下罚款。

第五十七条 违反本条例第二十九条第二款、第三十条第二款和第三款、第三十一条、第三十二条规定的，由网信、电信、公安等主管部门依据各自职责责令改正，给予警告，可以并处5万元以上50万元以下罚款，对直接负责的主管人员和其他直接责任人员可以处1万元以上10万元以下罚款；拒不改正或者造成大量数据泄露等严重后果的，处50万元以上200万元以下罚款，并可以责令暂停相关业务、停业整顿、吊销相关业务许可证或者吊销营业执照，对直接负责的主管人员和其他直接责任人员处 5 万元以上 20 万元以下罚款。

第五十八条 违反本条例其他有关规定的，由有关主管部门依照《中华人民共和国网络安全法》、《中华人民共和国数据安全法》、《中华人民共和国个人信息保护法》等法律的有关规定追究法律责任。

第五十九条 网络数据处理者存在主动消除或者减轻违法行为危害后果、违法行为轻微并及时改正且没有造成危害后果或者初次违法且危害后果轻微并及时改正等情形的，依照《中华人民共和国行政处罚法》的规定从轻、减轻或者不予行政处罚。

第六十条 国家机关不履行本条例规定的网络数据安全保护义务的，由其上级机关或者有关主管部门责令改正；对直接负责的主管人员和其他直接责任人员依法给予处分。

第六十一条 违反本条例规定，给他人造成损害的，依法承担民事责任；构成违反治安管理行为的，依法给予治安管理处罚；构成犯罪的，依法追究刑事责任。

第九章 附 则

第六十二条 本条例下列用语的含义：

（一）网络数据，是指通过网络处理和产生的各种电子数据。

（二）网络数据处理活动，是指网络数据的收集、存储、使用、加工、传输、提供、公开、删除等活动。

（三）网络数据处理者，是指在网络数据处理活动中自主决定处理目的和处理方式的个人、组织。

（四）重要数据，是指特定领域、特定群体、特定区域或者达到一定精度和规模，一旦遭到篡改、破坏、泄露或者非法获取、非法利用，可能直接危害国家安全、经济运行、社会稳定、公共健康和安全的数据。

（五）委托处理，是指网络数据处理者委托个人、组织按照约定的目的和方式开展的网络数据处理活动。

（六）共同处理，是指两个以上的网络数据处理者共同决定网络数据的处理目的和处理方式的网络数据处理活动。

（七）单独同意，是指个人针对其个人信息进行特定处理而专门作出具体、明确的同意。

（八）大型网络平台，是指注册用户5000万以上或者月活跃用户1000万以上，业务类型复杂，网络数据处理活动对国家安全、经济运行、国计民生等具有重要影响的网络平台。

第六十三条　开展核心数据的网络数据处理活动，按照国家有关规定执行。

自然人因个人或者家庭事务处理个人信息的，不适用本条例。

开展涉及国家秘密、工作秘密的网络数据处理活动，适用《中华人民共和国保守国家秘密法》等法律、行政法规的规定。

第六十四条　本条例自2025年1月1日起施行。

政务数据共享条例

（2025年5月9日国务院第59次常务会议通过 2025年5月28日中华人民共和国国务院令第809号公布 自2025年8月1日起施行）

第一章 总 则

第一条 为了推进政务数据安全有序高效共享利用，提升政府数字化治理能力和政务服务效能，全面建设数字政府，根据《中华人民共和国网络安全法》、《中华人民共和国数据安全法》、《中华人民共和国个人信息保护法》等法律，制定本条例。

第二条 政府部门和法律、法规授权的具有管理公共事务职能的组织（以下统称政府部门）之间政务数据共享以及相关安全、监督、管理等工作,适用本条例。

第三条 本条例所称政务数据,是指政府部门在依法履行职责过程中收集和产生的各类数据,但不包括属于国家秘密、工作秘密的数据。

本条例所称政务数据共享,是指政府部门因依法履行职责需要,使用其他政府部门的政务数据或者为其他政府部门提供政务数据的行为。

第四条 政务数据共享工作应当坚持中国共产党的领导,贯彻总体国家安全观,统筹发展和安全,遵循统筹协调、标准统一、依法共享、合理使用、安全可控的原则。

第五条 开展政务数据共享工作,应当遵守法律法规,履行政务数据安全保护义务,不得危害国家安全、公共利益,不得损害公民、法人和其他组织的合法权益。

第六条 国家建立政务数据共享标准体系,推进政务数据共享工作标准化、规范化。

第七条 国家鼓励政务数据共享领域的管理创新、机制创新和技术创新,持续提升政务数据共享效率、应用水平和安全保障能力。

第二章 管理体制

第八条 各级人民政府应当加强对政务数据共享工作的组织领导。

国务院政务数据共享主管部门负责统筹推进全国政务数据共享工作。

县级以上地方人民政府政务数据共享主管部门负责统筹推进本行政区域内政务数据共享工作。

国务院各部门负责本部门政务数据共享工作,协调指导本行业、本领域政务数据共享工作。

第九条 政务数据共享主管部门应当会同其他政府部门研究政务数据共享中的重大事项和重要工作,总结、推广政务数据共享的典型案例和经验做法,协调推进跨层级、跨地域、跨系统、跨部门、跨业务政务数据安全有序高效共享利用。

第十条 政府部门应当落实政务数据共享主体责任，建立健全本部门政务数据共享工作制度，组织研究解决政务数据共享工作中的重大问题。

第十一条 政府部门应当明确本部门政务数据共享工作机构。政务数据共享工作机构负责本部门政务数据共享具体工作，履行以下职责：

（一）组织编制、更新和维护本部门政务数据目录；

（二）组织提出本部门政务数据共享申请，组织审核针对本部门政务数据的共享申请，协调并共享本部门政务数据；

（三）确保本部门提供的政务数据符合政务数据共享标准规范；

（四）组织提出或者处理涉及本部门的政务数据校核申请；

（五）建立健全本部门政务数据共享中数据安全和个人信息保护制度，组织开展本部门政务数据共享安全性评估；

（六）本部门其他与政务数据共享相关的工作。

第三章 目录管理

第十二条 政务数据实行统一目录管理。国务院政务数据共享主管部门制定政务数据目录编制标准规范，组织编制国家政务数据目录。县级以上地方人民政府政务数据共享主管部门组织编制本行政区域内的政务数据目录。

政府部门应当依照本部门职责，按照政务数据目录编制标准规范，编制本部门政务数据目录。

第十三条 政府部门编制政务数据目录，应当依法开展保密风险、个人信息保护影响等评估，并经部门负责人审核同意。

政务数据目录应当明确数据目录名称、数据项、提供单位、数据格式、数据更新频率以及共享属性、共享方式、使用条件、数据分类分级等信息。

第十四条　政务数据按照共享属性分为无条件共享、有条件共享和不予共享三类：

（一）可以提供给所有政府部门共享使用的政务数据属于无条件共享类；

（二）可以按照一定条件提供给有关政府部门共享使用的政务数据属于有条件共享类；

（三）法律、行政法规以及国务院决定明确规定不能提供给其他政府部门共享使用的政务数据属于不予共享类。

第十五条　政府部门应当科学合理确定政务数据共享属性，不得通过擅自增设条件等方式阻碍、影响政务数据共享。

对属于有条件共享类的政务数据，政府部门应当在政务数据目录中列明共享范围、使用用途等共享使用条件。对属于不予共享类的政务数据，政府部门应当在政务数据目录中列明理由，并明确相应的法律、行政法规以及国务院决定依据。

第十六条　政府部门应当将编制的政务数据目

录报送同级政务数据共享主管部门审核。政务数据共享主管部门审核通过后统一向政府部门通告。

政府部门应当对照统一发布的政务数据目录，丰富政务数据资源，保障政务数据质量，依法共享政务数据。

第十七条 政务数据目录实行动态更新。

因法律、行政法规、国务院决定调整或者政府部门职责变化导致政务数据目录需要相应更新的，政府部门应当自调整、变化发生之日起10个工作日内对政务数据目录完成更新，并报送同级政务数据共享主管部门审核。因特殊原因需要延长更新期限的，经同级政务数据共享主管部门同意，可以延长5个工作日。

政务数据共享主管部门应当自收到更新后的政务数据目录之日起2个工作日内完成审核并发布。

第四章 共享使用

第十八条 政府部门应当建立健全政务数据全

过程质量管理体系，提高政务数据质量管理能力，加强政务数据收集、存储、加工、传输、共享、使用、销毁等标准化管理。

第十九条 政府部门应当按照法定的职权、程序和标准规范收集政务数据。通过共享获取政务数据能够满足履行职责需要的，政府部门不得向公民、法人和其他组织重复收集。

政务数据收集工作涉及多个政府部门的，政务数据共享主管部门应当明确牵头收集的政府部门并将其作为数源部门。数源部门应当加强与其他有关政府部门的协同配合、信息沟通，及时完善更新政务数据，保障政务数据的完整性、准确性和可用性，并统一提供政务数据共享服务。

第二十条 政务数据共享主管部门应当建立政务数据共享供需对接机制，明确工作流程。

政务数据需求部门应当根据履行职责需要，按照统一发布的政务数据目录，经本部门政务数据共享工作机构负责人同意后，依法提出政务数据共享申请,明确使用依据、使用场景、使用范围、共享方式、使用时限等,并保证政务数据共享申请的真实性、合法性和必要性。

政务数据提供部门应当按照本条例第二十一条规定的期限对政务数据需求部门提出的政务数据共享申请进行审核,经本部门政务数据共享工作机构负责人同意后作出答复。

第二十一条 政务数据需求部门申请共享的政务数据属于无条件共享类的,政务数据提供部门应当自收到政务数据共享申请之日起1个工作日内作出答复;属于有条件共享类的,应当自收到政务数据共享申请之日起10个工作日内作出是否同意共享的答复。因特殊原因需要延长答复期限的,政务数据提供部门应当报经同级政务数据共享主管部门同意,并告知政务数据需求部门,延长的期限最长不得超过10个工作日。

政务数据需求部门提交的申请材料不全的,政务数据提供部门应当一次性告知其需要补充的材料,不得直接予以拒绝。政务数据提供部门不同意共享的，应当说明理由。

第二十二条　政务数据提供部门应当自作出同意共享的答复之日起20个工作日内共享政务数据。

政务数据提供部门可以通过服务接口、批量交换、文件下载等方式向政务数据需求部门共享政务数据。

第二十三条　国家鼓励各级政府部门优化政务数据共享审核流程，缩短审核和提供共享政务数据的时间。

第二十四条　上级政府部门应当根据下级政府部门履行职责的需要，在确保政务数据安全的前提下，及时、完整回流业务信息系统收集和产生的下级政府行政区域内的政务数据，并做好系统对接和业务协同，不得设置额外的限制条件。

下级政府部门获得回流的政务数据后，应当按照履行职责的需要共享、使用，并保障相关政务数据安全。

第二十五条 政府部门通过共享获得政务数据的，不得擅自扩大使用范围以及用于或者变相用于其他目的，不得擅自将获得的政务数据提供给第三方。确需扩大使用范围、用于其他目的或者提供给第三方的，应当经政务数据提供部门同意。

政务数据共享主管部门以及其他政府部门应当采取措施防范政务数据汇聚、关联引发的泄密风险。

第二十六条 国务院政务数据共享主管部门应当统筹建立政务数据校核纠错制度。

政府部门应当依照本部门职责，建立政务数据校核纠错规则，提供纠错渠道。政务数据需求部门应当记录政务数据使用状态，发现政务数据不准确或者不完整的，应当及时向政务数据提供部门提出政务数据校核申请。政务数据提供部门应当自收到政务数据校核申请之日起10个工作日内予以核实、更正并反馈校核处理结果。

第二十七条 政务数据需求部门通过共享获取的政务数据，共享目的已实现、无法实现或者为实现共享目的不再必要的,应当按照政务数据提供部门的要求妥善处置。

政务数据需求部门存在擅自超出使用范围、共享目的使用政务数据,或者擅自将政务数据提供给第三方的,政务数据共享主管部门或者政务数据提供部门应当暂停其政务数据共享权限,并督促限期整改,对拒不整改或者整改不到位的,可以终止共享。

政务数据提供部门无正当理由,不得终止或者变更已提供的政务数据共享服务。确需终止或者变更服务的,政务数据提供部门应当与政务数据需求部门协商,并报同级政务数据共享主管部门备案。

第二十八条 政务数据共享主管部门应当建立健全政务数据共享争议解决处理机制。

同级政务数据需求部门、政务数据提供部门发生政务数据共享争议的,应当协商解决;协商不成的,应当按照程序向同级政务数据共享主管部门申请协调处理。跨层级、跨地域的政务数据共享发生争议的，由共同的上级政务数据共享主管部门协调处理。经政务数据共享主管部门协调处理仍未达成一致意见的，报政务数据共享主管部门的本级人民政府决定。

第二十九条 政务数据共享主管部门应当对政务数据共享情况进行监督检查，并可以对违反本条例规定的行为予以通报。

政务数据需求部门应当对共享政务数据的使用场景、使用过程、应用成效、存储情况、销毁情况等进行记录，有关记录保存期限不少于3年。政务数据共享主管部门和政务数据提供部门可以查阅政务数据需求部门有关记录。法律、行政法规另有规定的，从其规定。

第五章 平台支撑

第三十条 国家统筹数据基础设施建设，提高政务数据安全防护能力，整合构建标准统一、布局合理、管理协同、安全可靠的全国一体化政务大数据体系。

国务院政务数据共享主管部门统筹全国一体化政务大数据体系的建设和管理工作，负责整合构建国家政务大数据平台，实现与国务院有关部门政务数据平台、各地区政务数据平台互联互通，为政务数据共享提供平台支撑。

县级以上地方人民政府政务数据共享主管部门负责本行政区域政务数据平台建设和管理工作，按需向乡镇（街道）、村（社区）共享政务数据。

国务院有关部门负责建设、优化本部门政务数据平台，可以支撑本行业、本领域的政务数据共享工作。未建设政务数据平台的，可以通过国家政务大数据平台开展本部门政务数据共享工作。

第三十一条 政府部门已建设的政务数据平台应当纳入全国一体化政务大数据体系。除法律、行政法规另有规定外，原则上不得通过新建政务数据共享交换系统开展跨层级、跨地域、跨系统、跨部门、跨业务的政务数据共享工作。

第三十二条 政府部门应当通过全国一体化政务大数据体系开展政务数据共享相关工作。

第三十三条 国家鼓励和支持大数据、云计算、人工智能、区块链等新技术在政务数据共享中的应用。

第六章 保障措施

第三十四条 政务数据共享主管部门应当会同同级网信、公安、国家安全、保密行政管理、密码管理等部门，根据数据分类分级保护制度，推进政务数据共享安全管理制度建设，按照谁管理谁负责、谁使用谁负责的原则，明确政务数据共享各环节安全责任主体，督促落实政务数据共享安全管理责任。

政务数据需求部门在使用依法共享的政务数据过程中发生政务数据篡改、破坏、泄露或者非法利用等情形的，应当承担安全管理责任。

第三十五条　政府部门应当建立健全政务数据共享安全管理制度，落实政务数据共享安全管理主体责任和政务数据分类分级管理要求，保障政务数据共享安全。

政府部门应当采取技术措施和其他必要措施，防止政务数据被篡改、破坏、泄露或者非法获取、非法利用。

政府部门应当加强政务数据安全风险监测，发生政务数据安全事件时，立即启动应急预案，采取相应的应急处置措施，防止危害扩大，消除安全隐患，并按照规定向有关主管部门报告。

第三十六条　政府部门委托他人参与建设、运行、维护政府信息化项目，存储、加工政务数据，应当按照国家有关规定履行批准程序，明确工作规范和标准，并采取必要技术措施，监督受托方履行相应的政务数据安全保护义务。受托方应当依照法律、行政法规的规定和合同约定履行政务数据安全保护义务，不得擅自访问、获取、留存、使用、泄露或者向他人提供政务数据。

政务数据平台建设管理单位应当依照法律、行政法规的规定和国家标准的强制性要求，保障平台安全、稳定运行，维护政务数据安全。

第三十七条 政府部门及其工作人员在开展涉及个人信息的政务数据共享活动时，应当遵守《中华人民共和国个人信息保护法》、《网络数据安全管理条例》等法律、行政法规的规定。

公民、法人和其他组织有权对政务数据共享过程中侵犯其合法权益的行为进行投诉、举报，接到投诉、举报的政府部门应当按照规定及时处理。

第三十八条 县级以上人民政府应当将政务数据共享工作所需经费列入本级预算。县级以上人民政府及其有关部门应当对政务数据共享相关经费实施全过程预算绩效管理。政务数据共享情况应当作为确定政府信息化项目建设投资、运行维护经费和项目后评价结果的重要依据。

政务数据共享主管部门应当加强对本行政区域

内政务数据提供部门数据共享及时性和数据质量情况、政务数据需求部门数据应用情况和安全保障措施等的监督,并向本级人民政府报告。

第七章 法律责任

第三十九条 政务数据提供部门违反本条例规定,有下列情形之一的,由同级政务数据共享主管部门责令改正;拒不改正或者情节严重的,对负有责任的领导人员和直接责任人员依法给予处分:

(一)未按照要求编制或者更新政务数据目录;

(二)通过擅自增设条件等方式阻碍、影响政务数据共享;

(三)未配合数源部门及时完善更新政务数据;

(四)未按时答复政务数据共享申请或者未按时共享政务数据,且无正当理由;

(五)未按照规定将业务信息系统收集和产生的下级政府行政区域内的政务数据回流至下级政府部门;

（六）收到政务数据校核申请后，未按时核实、更正；

（七）擅自终止或者变更已提供的政务数据共享服务；

（八）未按照规定将已建设的政务数据平台纳入全国一体化政务大数据体系；

（九）违反本条例规定的其他情形。

第四十条　政务数据需求部门违反本条例规定，有下列情形之一的，由同级政务数据共享主管部门责令改正；拒不改正或者情节严重的，对负有责任的领导人员和直接责任人员依法给予处分：

（一）重复收集可以通过共享获取的政务数据；

（二）擅自超出使用范围、共享目的使用通过共享获取的政务数据；

（三）擅自将通过共享获取的政务数据提供给第三方；

（四）共享目的已实现、无法实现或者为实现共享目的不再必要，未按照要求妥善处置通过共享获取的政务数据；

（五）未按照规定保存通过共享获取的政务数据有关记录；

（六）未对通过共享获取的政务数据履行安全管理责任；

（七）违反本条例规定的其他情形。

第四十一条 政务数据共享主管部门违反本条例规定，有下列情形之一的，由本级人民政府或者上级主管部门责令改正；拒不改正或者情节严重的，对负有责任的领导人员和直接责任人员依法给予处分：

（一）未按照规定明确数源部门；

（二）未按照规定对政务数据共享争议进行协调处理；

（三）违反本条例规定的其他情形。

第四十二条 政府部门及其工作人员泄露、出售或者非法向他人提供政务数据共享工作过程中知悉的个人隐私、个人信息、商业秘密、保密商务信息的，或者在政务数据共享工作中玩忽职守、滥用职权、徇私舞弊的，依法给予处分；构成犯罪的，依法追究刑事责任。

第八章　附　　则

第四十三条　国家推动政府部门与其他国家机关参照本条例规定根据各自履行职责需要开展数据共享。

第四十四条　本条例自2025年8月1日起施行。

互联网政务应用安全管理规定

(2024年2月19日中央网络安全和信息化委员会办公室、中央机构编制委员会办公室、工业和信息化部、公安部制定 2024年5月15日发布)

第一章 总 则

第一条 为保障互联网政务应用安全,根据《中华人民共和国网络安全法》《中华人民共和国数据安全法》《中华人民共和国个人信息保护法》《党委(党组)网络安全工作责任制实施办法》等,制定本规定。

第二条 各级党政机关和事业单位(简称机关事业单位)建设运行互联网政务应用,应当遵守本规定。

本规定所称互联网政务应用，是指机关事业单位在互联网上设立的门户网站，通过互联网提供公共服务的移动应用程序（含小程序）、公众账号等，以及互联网电子邮件系统。

第三条 建设运行互联网政务应用应当依照有关法律、行政法规的规定以及国家标准的强制性要求，落实网络安全与互联网政务应用"同步规划、同步建设、同步使用"原则，采取技术措施和其他必要措施，防范内容篡改、攻击致瘫、数据窃取等风险，保障互联网政务应用安全稳定运行和数据安全。

第二章 开办和建设

第四条 机关事业单位开办网站应当按程序完成开办审核和备案工作。一个党政机关最多开设一个门户网站。

中央机构编制管理部门、国务院电信部门、国务院公安部门加强数据共享,优化工作流程,减少填报材料,缩短开办周期。

机关事业单位开办网站,应当将运维和安全保障经费纳入预算。

第五条 一个党政机关网站原则上只注册一个中文域名和一个英文域名,域名应当以".gov.cn"或".政务"为后缀。非党政机关网站不得注册使用".gov.cn"或".政务"的域名。

事业单位网站的域名应当以".cn"或".公益"为后缀。

机关事业单位不得将已注册的网站域名擅自转让给其他单位或个人使用。

第六条 机关事业单位移动应用程序应当在已备案的应用程序分发平台或机关事业单位网站分发。

第七条 机构编制管理部门为机关事业单位制发专属电子证书或纸质证书。机关事业单位通过应用程序分发平台分发移动应用程序,应当向平台运营者提供电子证书或纸质证书用于身份核验;开办微博、公众号、视频号、直播号等公众账号，应当向平台运营者提供电子证书或纸质证书用于身份核验。

第八条　互联网政务应用的名称优先使用实体机构名称、规范简称，使用其他名称的，原则上采取区域名加职责名的命名方式，并在显著位置标明实体机构名称。具体命名规范由中央机构编制管理部门制定。

第九条　中央机构编制管理部门为机关事业单位设置专属网上标识，非机关事业单位不得使用。

机关事业单位网站应当在首页底部中间位置加注网上标识。中央网络安全和信息化委员会办公室会同中央机构编制管理部门协调应用程序分发平台以及公众账号信息服务平台，在移动应用程序下载页面、公众账号显著位置加注网上标识。

第十条　各地区、各部门应当对本地区、本部门党政机关网站建设进行整体规划，推进集约化建设。

县级党政机关各部门以及乡镇党政机关原则上

不单独建设网站，可利用上级党政机关网站平台开设网页、栏目、发布信息。

第十一条　互联网政务应用应当支持开放标准，充分考虑对用户端的兼容性，不得要求用户使用特定浏览器、办公软件等用户端软硬件系统访问。

机关事业单位通过互联网提供公共服务，不得绑定单一互联网平台，不得将用户下载安装、注册使用特定互联网平台作为获取服务的前提条件。

第十二条　互联网政务应用因机构调整等原因需变更开办主体的，应当及时变更域名或注册备案信息。不再使用的，应当及时关闭服务，完成数据归档和删除，注销域名和注册备案信息。

第三章　信息安全

第十三条　机关事业单位通过互联网政务应用发布信息，应当健全信息发布审核制度，明确审核程序，指定机构和在编人员负责审核工作，建立审核记录档案；应当确保发布信息内容的权威性、真实性、准确性、及时性和严肃性，严禁发布违法和不良信息。

第十四条 机关事业单位通过互联网政务应用转载信息，应当与政务等履行职能的活动相关，并评估内容的真实性和客观性。转载页面上要准确清晰标注转载来源网站、转载时间、转载链接等，充分考虑图片、内容等知识产权保护问题。

第十五条 机关事业单位发布信息内容需要链接非互联网政务应用的，应当确认链接的资源与政务等履行职能的活动相关，或属于便民服务的范围；应当定期检查链接的有效性和适用性，及时处置异常链接。党政机关门户网站应当采取技术措施，做到在用户点击链接跳转到非党政机关网站时，予以明确提示。

第十六条 机关事业单位应当采取安全保密防控措施，严禁发布国家秘密、工作秘密，防范互联网政务应用数据汇聚、关联引发的泄密风险。应当加强对互联网政务应用存储、处理、传输工作秘密的保密管理。

第四章 网络和数据安全

第十七条 建设互联网政务应用应当落实网络安全等级保护制度和国家密码应用管理要求，按照有关标准规范开展定级备案、等级测评工作，落实安全建设整改加固措施，防范网络和数据安全风险。

中央和国家机关、地市级以上地方党政机关门户网站，以及承载重要业务应用的机关事业单位网站、互联网电子邮件系统等，应当符合网络安全等级保护第三级安全保护要求。

第十八条 机关事业单位应当自行或者委托具有相应资质的第三方网络安全服务机构，对互联网政务应用网络和数据安全每年至少进行一次安全检测评估。

互联网政务应用系统升级、新增功能以及引入新技术新应用，应当在上线前进行安全检测评估。

第十九条　互联网政务应用应当设置访问控制策略。对于面向机关事业单位工作人员使用的功能和互联网电子邮箱系统，应当对接入的 IP 地址段或设备实施访问限制，确需境外访问的，按照白名单方式开通特定时段、特定设备或账号的访问权限。

第二十条　机关事业单位应当留存互联网政务应用相关的防火墙、主机等设备的运行日志，以及应用系统的访问日志、数据库的操作日志，留存时间不少于 1 年，并定期对日志进行备份，确保日志的完整性、可用性。

第二十一条　机关事业单位应当按照国家、行业领域有关数据安全和个人信息保护的要求，对互联网政务应用数据进行分类分级管理，对重要数据、个人信息、商业秘密进行重点保护。

第二十二条　机关事业单位通过互联网政务应用收集的个人信息、商业秘密和其他未公开资料，未经信息提供方同意不得向第三方提供或公开，不得用于履行法定职责以外的目的。

第二十三条 为互联网政务应用提供服务的数据中心、云计算服务平台等应当设在境内。

第二十四条 党政机关建设互联网政务应用采购云计算服务，应当选取通过国家云计算服务安全评估的云平台，并加强对所采购云计算服务的使用管理。

第二十五条 机关事业单位委托外包单位开展互联网政务应用开发和运维时，应当以合同等手段明确外包单位网络和数据安全责任，并加强日常监督管理和考核问责；督促外包单位严格按照约定使用、存储、处理数据。未经委托的机关事业单位同意，外包单位不得转包、分包合同任务，不得访问、修改、披露、利用、转让、销毁数据。

机关事业单位应当建立严格的授权访问机制，操作系统、数据库、机房等最高管理员权限必须由本单位在编人员专人负责，不得擅自委托外包单位人员管理使用；应当按照最小必要原则对外包单位人员进行精细化授权，在授权期满后及时收回权限。

第二十六条　机关事业单位应当合理建设或利用社会化专业灾备设施，对互联网政务应用重要数据和信息系统等进行容灾备份。

第二十七条　机关事业单位应当加强互联网政务应用开发安全管理，使用外部代码应当经过安全检测。建立业务连续性计划，防范因供应商服务变更等对升级改造、运维保障等带来的风险。

第二十八条　互联网政务应用使用内容分发网络（CDN）服务的，应当要求服务商将境内用户的域名解析地址指向其境内节点，不得指向境外节点。

第二十九条　互联网政务应用应当使用安全连接方式访问，涉及的电子认证服务应当由依法设立的电子政务电子认证服务机构提供。

第三十条　互联网政务应用应当对注册用户进行真实身份信息认证。国家鼓励互联网政务应用支持用户使用国家网络身份认证公共服务进行真实身份信息注册。

对与人身财产安全、社会公共利益等相关的互联网政务应用和电子邮件系统,应当采取多因素鉴别提高安全性,采取超时退出、限制登录失败次数、账号与终端绑定等技术手段防范账号被盗用风险,鼓励采用电子证书等身份认证措施。

第五章 电子邮件安全

第三十一条 鼓励各地区、各部门通过统一建设、共享使用的模式,建设机关事业单位专用互联网电子邮件系统,作为工作邮箱,为本地区、本行业机关事业单位提供电子邮件服务。党政机关自建的互联网电子邮件系统的域名应当以".gov.cn"或".政务"为后缀,事业单位自建的互联网电子邮件系统的域名应当以".cn"或".公益"为后缀。

机关事业单位工作人员不得使用工作邮箱违规存储、处理、传输、转发国家秘密。

第三十二条 机关事业单位应当建立工作邮箱

账号的申请、发放、变更、注销等流程，严格账号审批登记，定期开展账号清理。

第三十三条　机关事业单位互联网电子邮件系统应当关闭邮件自动转发、自动下载附件功能。

第三十四条　机关事业单位互联网电子邮件系统应当具备恶意邮件（含本单位内部发送的邮件）检测拦截功能，对恶意邮箱账号、恶意邮件服务器IP以及恶意邮件主题、正文、链接、附件等进行检测和拦截。应当支持钓鱼邮件威胁情报共享，将发现的钓鱼邮件信息报送至主管部门和属地网信部门，按照有关部门下发的钓鱼邮件威胁情报，配置相应防护策略预置拦截钓鱼邮件。

第三十五条　鼓励机关事业单位基于商用密码技术对电子邮件数据的存储进行安全保护。

第六章　监测预警和应急处置

第三十六条　中央网络安全和信息化委员会办

公室会同国务院电信主管部门、公安部门和其他有关部门，组织对地市级以上党政机关互联网政务应用开展安全监测。

各地区、各部门应当对本地区、本行业机关事业单位互联网政务应用开展日常监测和安全检查。

机关事业单位应当建立完善互联网政务应用安全监测能力，实时监测互联网政务应用运行状态和网络安全事件情况。

第三十七条 互联网政务应用发生网络安全事件时，机关事业单位应当按照有关规定向相关部门报告。

第三十八条 中央网络安全和信息化委员会办公室统筹协调重大网络安全事件的应急处置。

互联网政务应用发生或可能发生网络安全事件时，机关事业单位应当立即启动本单位网络安全应急预案，及时处置网络安全事件，消除安全隐患，防止危害扩大。

第三十九条 机构编制管理部门会同网信部门

开展针对假冒仿冒互联网政务应用的扫描监测,受理相关投诉举报。网信部门会同电信主管部门,及时对监测发现或网民举报的假冒仿冒互联网政务应用采取停止域名解析、阻断互联网连接和下线处理等措施。公安部门负责打击假冒仿冒互联网政务应用相关违法犯罪活动。

第七章 监督管理

第四十条 中央网络安全和信息化委员会办公室负责统筹协调互联网政务应用安全管理工作。中央机构编制管理部门负责互联网政务应用开办主体身份核验、名称管理和标识管理工作。国务院电信主管部门负责互联网政务应用域名监督管理和互联网信息服务(ICP)备案工作。国务院公安部门负责监督检查指导互联网政务应用网络安全等级保护和相关安全管理工作。

各地区、各部门承担本地区、本行业机关事业单位互联网政务应用安全管理责任，指定一名负责人分管相关工作，加强对互联网政务应用安全工作的组织领导。

第四十一条 对违反或者未能正确履行本规定相关要求的，按照《党委（党组）网络安全工作责任制实施办法》等文件，依规依纪追究当事人和有关领导的责任。

第八章 附　　则

第四十二条 列入关键信息基础设施的互联网门户网站、移动应用程序、公众账号，以及电子邮件系统的安全管理工作，参照本规定有关内容执行。

第四十三条 本规定由中央网络安全和信息化委员会办公室、中央机构编制委员会办公室、工业和信息化部、公安部负责解释。

第四十四条 本规定自2024年7月1日起施行。